RS 516
¡PEQUEÑA EMPRESA, DESDE AHORA SERÁS GRANDE!

RAÚL SCARPECCIO

RS 516
¡PEQUEÑA EMPRESA
¡DESDE AHORA SERÁS GRANDE!
Copyright 2020

Todos los derechos reservados
Publicado por Raúl Scarpeccio
Amazon Kindle Direct Publishing
v 15,449

Primera Edición
Octubre 2020
ISBN **9798657061819**

RAÚL SCARPECCIO

RS 516

¡PEQUEÑA EMPRESA, DESDE AHORA SERÁS GRANDE!

Dedico este, mi segundo libro, a todas las personas que me acompañaron en mi vida personal y empresarial.

Índice de Contenido

PALABRAS DEL AUTOR 9
INTRODUCCIÓN 13
   ¿QUÉ ES RS 516? 13
   SÍNTESIS DEL OBJETIVO DEL PROYECTO DE PROMOCIÓN PARA
   LA PEQUEÑA EMPRESA RS 516 14
   P. Y M. E. 26
   CÓMO CRECER DESDE PEQUEÑA A GRANDE 29

PARTE 1 35
   SÍNTESIS DEL PROYECTO 37
   RS 516 EN 10 PUNTOS 38
   LOS 5 ACTORES Y SUS RESPONSABILIDADES. 41
     1   EL GOBIERNO NACIONAL 43
     2   LOS GOBERNADORES 47
     3   LOS INTENDENTES MUNICIPALES 51
     4   LA EMPRESA 55
     5   LAS AGREGADURÍAS COMERCIALES 59
   LAS 7 REFLEXIONES RS 63
     1   LA MEDIANA EMPRESA 65
     2   TECNOLOGÍA DIRECTA VERSUS CRÉDITOS 67
     3   ACORTAR EL CAMINO 69
     4   CANTIDAD DE EMPRESAS EN ARGENTINA 73
     5   PRIORIDAD NACIONAL 75
     6   IMPUESTOS 77
     7   EDUCACIÓN ASALARIADA 83

PARTE 2 87
   REGLA N° 1: VIGENCIA DE LA LEY 89
   REGLA N° 2: HASTA 30 EMPLEADOS 91
   REGLA N° 3: EMPLEO Y PLANTEL 93
   REGLA N° 4: IMPUESTOS.. 97
   REGLA N° 5: TECNOLOGÍA 101
   REGLA N° 6: FERIAS Y EXPOSICIONES 103
   REGLA N° 7: MARKETING Y PUBLICIDAD 105
   REGLA N° 8: PROFESIONALIZACIÓN Y SOSTENIMIENTO 107
   REGLA N° 9: REESTRUCTURACIÓN DE EMPRESAS MEDIANAS
   109
   REGLA N° 10: AGREGADURÍA COMERCIAL 111

PARTE 3 113
   ENTREVISTA EN LA REVISTA FORBES 115
   EJEMPLOS Y PROPUESTAS 122

EPÍLOGO 139

AGRADECIMIENTOS..141

FRASES DE RAÚL SCARPECCIO 145

RAÚL JOSÉ SCARPECCIO..151

Palabras del Autor

Este proyecto nace de mi experiencia y trayectoria de más de 30 años en las empresas. A lo largo del libro explicaré cada detalle, pero aquí quiero dejar muy claro el mensaje: **La tecnología directa y las franquicias son los dos habilitadores claves para llegar a fabricar en la Argentina productos de las mejores Marcas Internacionales, recuperar el gran tiempo perdido y ganar los mercados.**

Es la tecnología directa, en lugar de créditos para adquirirla, la que posibilita reducir el gran bache con el primer mundo, y de esta manera lograr que muchos dólares queden en nuestro país.

Pongo un ejemplo de mi empresa; si yo vendo tres muebles de una afamada marca europea, y uno de ellos lo debo importar, pero los otros dos los fabrico en Argentina con la misma marca y estándares de calidad y diseños, eso promoverá el empleo y ese dinero quedará en el país. ¿Cómo lo logro? Contando con la misma tecnología que posee la fábrica europea y su licencia.

La mejor forma de lograr las franquicias de Marcas Internacionales para producir en nuestro país es con el involucramiento de las Agregadurías Comerciales, quienes pueden ser las encargadas de hacer las relaciones y generar las reuniones necesarias para lograr dichas franquicias.

Y la mejor forma de obtener la tecnología de punta para fabricar esos productos en alta calidad y de Marca, es obteniendo la misma tecnología de las empresas franquiciadoras.

El estado debe jugar un papel importantísimo en este proceso. Él es el que puede poner las reglas del juego para adquirir y entregar la tecnología directa en las mejores condiciones existentes del mercado en lugar de asignarles créditos a cada pequeño empresario para adquirirla.

Parece difícil, pero no lo es. Lo vengo haciendo hace 30 años con éxito. Pero con una ley este proceso será mucho más ágil y eficaz.

Aquí detallo un posible ante proyecto de ley que se necesita para poder replicar este resultado. Si se siguen los pasos que detallo puedo asegurar el mismo éxito en todos los rubros del país.

No hace falta que tomen mi palabra. Los invito a ponerse en marcha y comprobarlo ustedes mismos.

Es un gran orgullo para mí dejar este legado y deseo profundamente que se lleve adelante, principalmente en mi país y en cualquier otro que lo desee.

Introducción

¿Qué es RS 516?

RS 516 es un conjunto de reglas probadas, útiles y recomendables para hacer crecer una pequeña empresa.

Síntesis del objetivo del Proyecto de Promoción para la Pequeña Empresa RS 516

Dirigido al Empleador

Este proyecto va dirigido especialmente al Empleador, para que sea el motor del mantenimiento y aumento del empleo, brindando reglas probadas exitosamente. En una primera etapa trabaja en el objetivo de mantener los empleos que ya ofrece, y en una segunda etapa se concentra en el objetivo de aumentar su plantel de empleados.

En países como Argentina, donde el desempleo es una situación preocupante y las políticas para la reducción no son acertadas, RS 516 es clave para revertir esta situación dando un aumento de la actividad reinsertando a la pequeña empresa en la modernización y competitividad.

Un problema grande se soluciona con una propuesta grande. Rara vez un problema grande se soluciona con una idea pequeña.

Revertir el problema del desempleo

Encontrar la manera de revertir la enorme cantidad de problemas que ocasiona el desempleo lleva acarreado un sinnúmero de otras soluciones: educación, recuperación de la responsabilidad, solvencia económica de las personas, reducción de los subsidios, reducción de la delincuencia y la distracción, aumento de la recaudación del estado y recupero de la esperanza al tiempo que ayuda en la reducción de problemas de coaching, de salud y financieros. Por lo tanto, llevar adelante con éxito la importante tarea de revertir el desempleo es un deber que se debe tomar como una gran tarea conjunta entre empresarios y Gobiernos a corto, mediano y largo plazo.

Hacer un gran giro a la actualidad

Por medio de este proyecto de Promoción para el Crecimiento de la pequeña y mediana empresa se busca dar un gran giro a la actualidad de dichas empresas, permitiéndoles así reinsertarse de manera muy rápida al mundo, teniendo en cuenta que el mundo siguió y sigue girando día a día y nosotros nos hemos quedado detenidos en esta área por varias décadas.

¿A quiénes está dirigido este libro?

Este libro fue escrito y documentado para que sea utilizado tanto por una entidad gubernamental con el objetivo primordial de impulsar el crecimiento de las pequeñas empresas del país, como también para emprendedores y empresarios, para que lo implementen en forma independiente.

¿Por qué se llama RS 516?

Se llama RS 516 pues así le comencé a nombrar, RS son las iniciales de mi nombre y apellido, y 516 corresponde a mayo del 2016, período en el cual presenté estas reglas en la Casa Rosada de la Presidencia de la Nación Argentina y en el Ministerio de la Producción.

No es mi intención enmarcar mis actividades con ninguna rama política, pues soy un empresario argentino dedicado. Creo en la pequeña empresa y mi intención es demostrar que las pequeñas empresas son el motor de una economía sana; son las encargadas de brindar trabajo y prosperidad a millones de familias y comunidades de todo tipo por ser ellas las que inician el camino y generan más del 60 % del empleo total del país.

Desde 2016 he luchado por compartir en múltiples ocasiones mi varias veces probada exitosa experiencia, y me resulta especialmente importante hacerlo nuevamente ahora, en el año 2020. Es por eso por lo que publicar este libro es una forma de acercar mi experiencia a todo aquel que esté interesado en escuchar y, por qué no, sacar provecho de mis arduos y largos años de exitosa carrera profesional. Con orgullo puedo asegurarle a quien lea este libro, que podrá llegar a ser una empresa grande.

> *Esta es la manera de ACCEDER RÁPIDAMENTE A ESTAR ENTRE LOS PRIMEROS EN LLEGAR A SER GRANDES Y ¡NO CORRER LA CARRERA DESDE ATRÁS! Y así entremezclarse con los números uno de manera inmediata y luego poder planificar el mediano y largo plazo del proceso de crecimiento en forma controlada y asertiva.*

Detener el desempleo

También, esta propuesta ofrece la posibilidad de encontrar una manera de detener el desempleo y generar alicientes a nuevos empleos para revertir este preocupante fenómeno.

Las leyes de promoción de empleo, además del tratamiento impositivo especial cuyo objetivo es el de promover el financiamiento de las pequeñas y medianas empresas, también deben proveer claros escenarios para el desarrollo de dicho empleo. El empleo es sin lugar a duda el pilar desde donde apalancar una economía moderna.

> *Las leyes en general son como el medicamento "Paracetamol" usado para el tratamiento del dolor y de los síntomas de enfermedades.*
>
> *ALIVIAN, PERO NO CURAN. Y eso siempre es un problema.*
>
> *Hay que ir a la raíz de los problemas para encontrar las reales soluciones.*

Entiendo el enfoque académico de todas las propuestas que he visto en mi vida, pero quienes escriben las leyes deben contar con la experiencia vivida de los empresarios, escuchar la "calle".

Recuerdo haber visto tantas veces las caras llenas de ilusión de muchas personas al entusiasmarse con mis 10 recomendaciones. Es por eso por lo que me dispuse a escribir un libro y repartirlo, y así proveer de empuje y energía a reglas fáciles y claras. De esto se trata RS 516: de cómo crecer.

La importancia del largo plazo

Un árbol puede podarse, extraerse, cortarse, y así puede ser cambiado de lugar. Pero cuando es plantado es a largo plazo. Nunca hay que olvidar que las grandes empresas -aquellas que tienen historia y han cambiado y mejorado el mundo-, una vez fueron pequeñas. De esto se tratan las 10 reglas RS 516, de crear las condiciones necesarias para que puedan crecer fortalecidas y robustas.

La familia

Los incentivos propuestos son pensados para buscar la MÁXIMA DEDICACIÓN DE LOS PROPIETARIOS Y SUS FAMILIAS, aspirando a que puedan decidir con sus utilidades a costo normal, y tener UNA VIDA MUCHO MEJOR.

¿Por qué solo pequeñas?

"PEQUEÑA EMPRESA ARGENTINA DESDE AHORA SERÁS GRANDE. RS 516" fue el título original de mi obra la cual cambió a "RS 516 ¡Pequeña empresa, DESDE AHORA SERÁS GRANDE! Y debo decir que son muchos los empresarios que ya comenzaron a usar estas reglas en Argentina y en otros países con exitosos resultados.

Tal vez se preguntarán ¿Por qué solo pequeña? Pues la mediana es un "tránsito" hasta ser grande, y si no resuelve el proceso de crecimiento, será mejor retroceder nuevamente a una o varias pequeñas y reinventarse; porque si permanece mucho tiempo en la posición media no tiene ni la fuerza de una grande, ni la velocidad de una pequeña. Lo explicaré en profundidad más adelante, pero permítanme primero hacer una comparación con las medias de los pies: existe el zoquete, el calcetín alto y la media, que llega a mitad de la pantorrilla. También puede suceder lo mismo en las empresas; el "zoquete" sería la pequeña empresa, el "calcetín alto" sería la empresa grande y la "media" la empresa mediana. El zoquete y el calcetín alto se sostienen, pero la media tal vez se cae.

Si las empresas pequeñas son hasta 30 empleados, y las grandes a partir de 120, entonces, ¿qué hacer con las que están en el medio? ¡TRANSFORMARLAS! ¡Sigo viendo consultores que les piden a las empresas pequeñas fusionarse para abaratar costos, y a la larga los aumentan! Si tienes una empresa de 75 personas a los tumbos, más vale tener 3 empresas de 25, pues será más fácil administrarlas, tener su contabilidad al día, sus cálculos de costos y así disminuir los riesgos.

Las empresas hasta 30 empleados podrán ampararse en este proyecto y a partir de ahí podrán crecer hasta ser grandes.

Reconstruir las empresas

Es mi firme opinión que los Gobiernos deberían promocionar la reconstrucción de las empresas; seguramente una parte se puede dedicar a un foco determinado del negocio, y la otra parte a otro. Esto no aplica a las grandes a partir de 120 empleados. Esta regla se ajusta a las pequeñas empresas y a todas las medianas que no funcionan bien para que decidan si prefieren reinventarse nuevamente y reencausar el sendero de llegar a ser grandes, y así no perder el tiempo siendo medianas, por eso RS 516.

La idea de desmontar a la mediana empresa se puede ver tomando por ejemplo LA TORRE DE PISA. Ella es un gran monumento histórico, pero está inclinado, y a pesar de la gran cantidad de inversión realizada, nunca se logró enderezar.

Las medianas empresas las veo en la misma situación. Por lo tanto, tener la posibilidad de reorganizarse y empezar de nuevo, es igual que, como en la mejor jerga del juego se dice: "CUANDO A UNO LE VA MAL, ES MEJOR MEZCLAR Y DAR DE NUEVO" … Ese es el concepto que trata de transmitir este proyecto de promoción de la pequeña empresa.

No detenerse, y menos estancarse

Mi propuesta es que desde pequeña una empresa llegue a ser ¡Grande!, sin quedarse detenida, y menos aún estancada en ser Mediana. O es Pequeña, o es Grande, con los objetivos y resultados cumplidos. Mi sueño es energizar a la comunidad toda, tanto gubernamental como empresarial y emprendedora, para lograr convertirlo en un ante proyecto de Ley.

El empleador es la solución al empleo

Estamos en el año 2020, con un caos mundial a nivel salud y economía jamás experimentado. Es por eso por lo que hoy, más que nunca, quiero ayudar a desarrollar las pequeñas empresas. Gracias a mi extensa experiencia, capacidad de análisis, y conocimiento del comercio Nacional e Internacional, es mi decisión producir, a través del proyecto RS 516, un gran aporte enfocado hacia "EL EMPLEADOR COMO SOLUCIÓN DEL EMPLEO".

La tecnología

Quiero dirigirme de manera directa al Desarrollo de la "Nueva" Pequeña Empresa, apuntado a la tecnología como base para la reinserción en el mundo, con utilidades y empleo, enfocando e indicando las soluciones, formas y tiempos para el desarrollo y reinserción de la Argentina en los mercados.

Toda empresa, sea del rubro que sea, debe entender que la tecnología es un HABILITADOR de crecimiento y de negocios, y que el poco uso de la tecnología es justamente un freno de mano, pues no solo nos frena, sino que muchas veces nos detiene y nos deja afuera del circuito.

¿A quiénes aplica este libro?

Este libro aplica a todas (sin dudas a la mayoría de) las pequeñas y medianas empresas de Argentina como también a la de otros países donde existan situaciones similares de estancamiento. Pienso en varios países en donde estas reglas se aplican perfectamente bien generando grandes éxitos.

Muchos de los libros que circulan hablan de algunas partes específicas o solamente sobre algunos puntos de cómo se debe corregir un determinado ajuste, pero ninguno escribe la idea total IDENTIFICANDO BIEN EL PROBLEMA E INDICANDO CUÁLES SON LAS SOLUCIONES COMO LO ESPECIFICA ESTE PROYECTO.

El mercado adolece de libros sobre este importante asunto.

Es mi deseo que disfruten de este libro y les sea de utilidad.

Raúl José Scarpeccio

P. y M. E.

El acrónimo **PyME** significa **P**equeña **y M**ediana **E**mpresa, y su construcción muchas veces nos confunde más de lo que nos ayuda.

La empresa mediana es una transición

Luego de leer este libro podrán dejar de lado este término, ya que aquí no considero como tal a la Mediana Empresa. Una empresa podemos estimarla como Pequeña o como Grande, mientras que la empresa Mediana representa solo una "transición".

En muchas situaciones se las une pensando que en su tratamiento se hace referencia a lo mismo, como por ejemplo en los discursos, en programas de difusión, en promociones, en planes, en créditos, en congresos, en comentarios o para definir leyes equivalentes.

¿Cuál es la diferencia entre la pequeña y la mediana?

Entre la pequeña y la mediana empresa existe una gran diferencia, y por ello no pueden tratarse de la misma manera. La pequeña empresa tiene un plan de funcionamiento acorde a que quien la ha creado, su dueño o fundador; piensa si se siente cómodo en ese marco o está decidido a hacerla crecer. Si decide hacerla crecer, hacerla grande, deberá programar cómo hacerlo sin quedarse en el "medio" ya que esta circunstancia representa la situación **más difícil** a enfrentar.

La importancia de ser preciso

Siendo pequeña, su dueño puede visualizarla con más precisión: tiene los costos, los gastos, los ingresos y los objetivos de esta. Puede también tomar decisiones más controladas, movilizándose dentro del rubro, o cambiando de rubro, retrocediendo y volviendo a avanzar, ejecutando acciones extras, y demás acciones o estrategias que le permitirían recuperar yerros o equívocos muchas veces de forma rápida sobre la marcha. Un ejemplo de ello lo representa el poder tomar créditos medidos, cambiar o sustituir un empleado, contando con una visual más clara de todo el panorama.

Costos de una grande e ingresos de una pequeña

La **mediana** empresa debe tomarse únicamente como un "tránsito" hasta llegar a **grande** y no como una medición de Empresa. Esto se debe a que, al avanzar en el crecimiento, tendrá los costos y gastos de una empresa **grande**, pero con los ingresos de una empresa **pequeña**.

> *Permítanme compartirles que muchos empresarios se han acercado para darme la razón con esta frase, y me han confesado que lamentablemente nunca lograron dar el salto porque se han dejado llevar por familiares que no sabían cómo crecer, o por consultores académicos y/o asesores contables sin calle y sin experiencia empresarial.*

Es muy importante ese último concepto, pues si no se alcanza el objetivo de dar el salto en el plazo estipulado y permaneciendo como empresa mediana por más tiempo de lo que sería esperable y sano para una transición, esta "**envejecerá**", y cada vez tendrá mayor cantidad de **problemas y contingencias** que le impedirán crecer. Hay que buscar el momento de crecer también.

Este es uno de los grandes desafíos y a veces amenazas que tienen la mayor parte de las **Medianas Empresas**.

Cómo crecer desde Pequeña a Grande

En la actualidad es **clave** que una empresa esté muy preparada atendiendo todos los aspectos y cálculos para no sucumbir en el intento de crecer. Al ingresar en otro terreno y círculos más competitivos es **fundamental** realizar antes una excelente **docencia empresaria**, focalizando muy bien el **rubro, el modo y las etapas** para abrirse camino en este crecimiento.

A veces es mejor abrir dos empresas que crecer con una mediana insegura

Si no se está lo suficientemente seguro de dar este **salto**, la recomendación es que es mucho mejor **abrir otra nueva pequeña empresa en paralelo,** agregando y colocando los ítems que se estimen convenientes para poder **sumarla** luego a la **primera pequeña empresa.** De esta forma se podrá utilizar la experiencia y conocimiento de la **empresa originaria** para ampliar e innovar en la **nueva** lo que se desee y pretenda, manteniendo la **flexibilidad** de la primera empresa para hacerlas **crecer en conjunto** en esta **nueva** etapa. Si a la **nueva pequeña empresa** no le va bien, se mantendrá la **tradicional,** y si le va bien **será importante analizar el momento más oportuno para decidir cómo unirlas.**

Existen varias maneras para medir o estimar cuando una empresa es Pequeña o es Grande.

Ejemplos:

1 Cantidad de Empleados.
2 Monto de Facturación.
3 Logro de objetivos.

4 Tiempos entre los que fue diseñada, por qué motivo y si se lograron.

5 Si económicamente resuelve lo planificado y genera utilidad, involucrando los impuestos, las actualizaciones y el mantenimiento de sus activos; evaluando su utilidad por sobre la regla del mercado.

6 Cumplimiento de la misión y generación de utilidades dentro del tiempo previsto.

7 Planes y Tiempos de Expansión.

8 O la combinación de algunos de estos puntos.

Argentina, según la resolución 69/2020, determina la categorización de empresas según la facturación anual y la cantidad de empleados de dichas empresas considerando cinco categorías: Comercio, Industria y Minería, Construcción, Servicios, y Agro.

En Europa una microempresa es aquella con hasta 10 empleados y hasta 2 millones de euros de facturación anual, y una pequeña es aquella con hasta 50 empleados y 10 millones de euros de facturación anual.

La importancia de ser simple

He aquí mi propuesta de tener el coraje de ser simple, y definir como pequeñas empresas a todas aquellas con hasta 30 empleados. Sin desconocer la existencia de los diferentes parámetros de mediciones de empresas, he seleccionado para este proyecto la vara de hasta 30 empleados.

La salud se define por la gente empleada

Como empresario entiendo que la capacidad productiva de un país está en su comercio internacional, pero su salud pública está en la cantidad de gente empleada. Es por eso por lo que aquí está mi foco, en promocionar que haya cada vez más pequeñas nuevas empresas, motivando a las que no funcionan bien para volver a competir en el camino hasta llegar a ser grandes.

Las pequeñas y medianas empresas emplean el 66 % de la población laboral, pero, bajo las definiciones estándar, representan más del 90 % de las empresas. Esto no tiene sentido, así de sencillo. No tiene el más mínimo ni absoluto sentido, pero ningún gobernante tiene el coraje de hacerlo más sencillo, y poner el foco en la capacidad laboral como principal regla.

Impulsar las exportaciones más que traer inversores

Hay que impulsar la capacitad ociosa exportadora. Si los miembros de un hogar no salen "afuera" a vender productos y servicios, es solo cuestión de tiempo entrar en un círculo descendente de destrucción del ahorro y necesidad de préstamos para subsistir, al igual que sucede con un país.

Cantidad de empleados

La propuesta de RS 516 toma la cantidad de empleados como medición para estimar cuando una empresa es Pequeña o es Grande. Al largo plazo las soluciones son sencillas; se trata de generar empleo y desarrollar las bases del verdadero crecimiento.

El objetivo: Pequeñas con facturación de Grandes

El gran desafío de los economistas es representar, por ejemplo, una empresa con pocos empleados, pero con una facturación de empresa grande. Según la óptica actual la facturación los impulsa a ser grandes, pero, según mi opinión, son pequeñas pues la base del crecimiento serían la cantidad de empleos que ofrecen.

¿Qué conviene más a nivel impositivo?

> *¿Aumentar impuestos?*
>
> *¿O aumentar la cantidad de contribuyentes y de empleos?*

Acompaño una reflexión antes de entrar de lleno en el libro, ¿qué conviene más? ¿10 empresas de 30 empleados cada una (total 300 empleados) que facturan en total 10 millones? ¿o 2 empresas de 150 empleados (igual cantidad total) por la misma facturación?

A nivel impositivo sería más conveniente para los emprendedores tener empresas chicas que grandes, ¿cierto? Pero el país querrá recaudar más. La respuesta es sencilla. Cuanto más ganan los emprendedores, más empresas y más empleo generan, por lo cual… los invito a reflexionar conmigo, ¿es más fácil ser sencillos o ser complejos? La respuesta siempre vino de la mano del conocimiento; cuanto uno más sabe, más sencillas son las respuestas, entonces la complejidad solo es un impedimento para crecer.

PARTE 1

Síntesis del Proyecto

Al leer RS 516 una pequeña empresa aprenderá a ser grande.

Es un Gran Proyecto para el EMPLEADOR y por ende para el EMPLEO.

Aplicación

1 Que el Gobierno logre que este anteproyecto sea ley (es lo ideal).

2 De manera individual se deben seguir los pasos y ¡TAMBIÉN SE PUEDE!

Tiempos

Si fuera a implementarse a través de una ley con los 10 puntos propuestos en forma simultánea, se estima que el proyecto lograría el 100 % de los objetivos en dos años.

Si en cambio se implementara a través del empleador de manera individual, en dos años se obtendría un 60 %, un 80 % a los tres años, y en el cuarto año se consolidaría.

RS 516 en 10 puntos

1. A largo plazo, 30 años.
2. Definición de pequeña empresa.
3. Empleados permanentes.
4. Impuesto a las Ganancias y Cargas Sociales.
5. Tecnología directa.
6. Ferias y Congresos.
7. Marketing y Publicidad.
8. Subdivisión de la Mediana Empresa.
9. Coaching Empresarial y Auditorías Contables.
10. Agregaduría Comercial.

1. Ley a largo plazo (20 a 30 años) para lograr adherencia y recuperar el entusiasmo, incluido el del Fundador.
2. Definición de pequeña empresa, hasta 30 empleados, y mediana, entre 31 y 120 empleados.
3. El empleador: se obliga a mantener su plantel y pagar las cargas sociales; y por el aumento del plantel no pagará cargas sociales.
4. Impuestos: paga el 931 por los empleados existentes y el 10 % de Impuesto a las Ganancias por los primeros 10 años, y luego el 15 %.
5. Entrega de tecnología directa (en vez de crédito para adquirirla) con el primer año de gracia, luego pagará en cuotas mensuales durante los siguientes 4 años.
6. Presencia en ferias y exposiciones nacionales y del Mercosur, plan quinquenal con calendario anticipado.
7. Marketing y publicidad (tendrá sin cargo su folleto y/o catálogo por 5 años).
8. Mediana empresa podrá subdividirse por ley en empresas de hasta 30 empleados y reorganizar nuevas sin contingencias.
9. Profesionalización y sostenimiento por 5 años pagos, incluyendo coaching y auditoría contable externa.
10. Agregaduría comercial hará la difusión en el mundo de esta nueva ley para conseguir asociaciones con franquicias de Marcas de primera línea Internacional.

Los 5 actores y sus responsabilidades.

Defino como actores de un proyecto a las distintas partes involucradas para garantizar el éxito.

> **1** El Gobierno Nacional.
> **2** Los Gobernadores.
> **3** Los Intendentes Municipales.
> **4** La Empresa.
> **5** Las Agregadurías Comerciales.

Si bien cuatro de los cinco actores principales están relacionados a funcionarios de Gobierno, el actor más importante es la propia empresa, y podrá siempre seguir la regla de RS 516, independientemente de lo que haga el Estado.

El Gobierno nacional

El Gobierno Nacional tiene 2 grandes tareas por impulsar. Deberá:

A. Conseguir la promulgación de una Ley: La Ley RS 516 para la pequeña empresa.
B. Crear la oficina del Estado para la compra directa de Maquinarias y Tecnología, sin impuestos ni recargos.

Aquí se detallan:

A. Conseguir la promulgación de una Ley: la Ley RS 516 para la pequeña empresa.

La primera tarea del Gobierno Nacional es un acto fundamental, basado en la percepción de los ciudadanos, que el Gobierno trabajará por cumplir sus sueños comenzando con incentivos para generar más trabajo.

A la gente le interesa ver que se genere empleo. El ingreso es la base de la salud, la educación, el hogar, el transporte y, muy importante también, el ocio, la cultura, el arte, el esparcimiento y la recreación en referencia al uso del tiempo libre. Si no, ¿para qué sirve trabajar? Comenzar a fortalecer la pequeña empresa tiene la ventaja de ser una medida popular, pues constituyen el 66 % del electorado.

B. Crear la oficina del Estado para la compra directa de Maquinarias y Tecnología, sin impuestos ni recargos.

La segunda tarea del Gobierno Nacional es una meta **CLAVE**, y se trata de darle el impulso al corazón de las empresas: **LA TECNOLOGÍA DE PRIMER MUNDO**.

De esto se trata todo. Podemos ver en el año 2020 que para satisfacer la demanda de un país en cuarentena, las empresas de mayor crecimiento fueron las empresas de logística (delivery) y de comercio online, ambas basadas en tecnología. No podemos siquiera imaginar un Rappi, o un Glovo, o un PedidosYa, o un MercadoLibre, sin el uso de la tecnología.

El Gobierno Nacional debe ser quien impulse la modernización de las empresas. Algunos funcionarios me han dicho que el estado tal vez no sepa lo que el empresario puede necesitar. Es por ello por lo que propongo la creación de un área específica que sea dirigida por personas conocedoras y apasionadas por la tecnología, y que funcione como el mejor eslabón de la cadena de estas adquisiciones.

Para crecer es clave modernizarse

Para crecer es clave modernizarse y contar con la mejor tecnología del mundo sin gravar su importación. Justamente una pequeña empresa necesita estas maquinarias de manera aliviada.

Todos sabemos cuán costoso es un flete para el traslado de la tecnología desde el lugar de origen hasta el lugar de uso, y hay muchos impuestos involucrados en esa logística. No tiene sentido para la pequeña empresa tener que pagar un precio aún más caro para poder modernizarse.

Resumiendo, el Estado Nacional deberá concentrarse en estas 2 tareas:

1. Cuidar a las pequeñas empresas para que haya más cantidad y sean saludables.
2. Cuidar el corazón del funcionamiento y crecimiento con tecnología moderna.

2 Los gobernadores

Deben impulsar la presencia en ferias Nacionales y del Mercosur

a) Deberán proveer un detalle de toda la actividad económica de sus provincias y establecer UN CRONOGRAMA QUINQUENAL DE LAS FERIAS Y EXPOSICIONES DE TODA LA ACTIVIDAD DE SU PROVINCIA.

b) A través del Banco Provincia, o el Banco que mejores condiciones ofrezca, deberá tener listo un crédito para cubrir los gastos de instalación del stand, por la estadía durante la feria y los viáticos que demande a su equipo el armado y atención. Estos créditos serán a un año de plazo a Tasa Preferencial.

Factores críticos de éxito

Hay 3 factores críticos para crecer. A saber:

1 CALIDAD: elaborar productos y servicios de alta calidad,

2 IMAGEN: tener una excelente imagen,

3 ESTAR PRESENTE: en la mente de la gente.

El más importante de los tres es el tercero, pues si uno no es conocido, es ignorado, y no tienen sentido los otros dos factores. Son importantes los tres, pero sí o sí hay que ser conocido.

Promover, promover, promover

Luego de promulgado en ley este anteproyecto, y con la seguridad de la provisión de la Última Tecnología, las Agregadurías comerciales serán el verdadero MOTOR para una inmediata comunicación a todas las mejores marcas del Mundo y gestionar las franquicias para las pequeñas Empresas de Argentina. Para explotar mejor el mercado Nacional y los Mercados del Mercosur (Brasil, Paraguay, Bolivia, Uruguay, también Chile) por las ventajas regionales, tanto de Arancel como en Logística.

Es por ello por lo que los gobernadores deben promover que las pequeñas empresas salgan de su ecosistema y participen de al menos una feria por año como condición (lo ideal serían dos).

Los Gobernadores deberán organizar un detalle de toda la actividad económica de sus provincias estableciendo un plan quinquenal de ferias y exposiciones de todas sus actividades.

El objetivo es lograr la promoción de las pequeñas empresas, conocer y competir con otras fábricas y lograr también el contacto con otros empresarios.

De esta manera, las pequeñas empresas comenzarán a viajar. Entiendo que a partir del 2020 muchas condiciones cambiarán, pero el concepto de exposiciones no. Seguramente los gobernadores pueden promover la participación en eventos internacionales de muchas maneras innovadoras.

La importancia de saber vender

Para crecer, una empresa requiere vendedores que atiendan muy bien a los clientes. Y es muy importante que los vendedores se concentren en identificar los productos y servicios que necesita cada cliente y ofrecerlos de la mejor manera.

También así deben pensar los funcionarios provinciales, la idea es estar motivados para atraer clientes a su provincia, motivando a las pequeñas empresas a vender más en el mercado nacional y también más allá de sus fronteras.

3 Los intendentes municipales

Los intendentes son quienes más cerca están de las pequeñas empresas. Ellos son quienes conocen su territorio, las necesidades, las fortalezas, lo que sienten y lo que saben las empresas de su ciudad.

Por ello la propuesta es que los intendentes se concentren en:

1 Relevamiento de la actividad económica de su ciudad.

2 Provisión de folletos, en papel y digitales.

3 Coaching empresarial y auditoría contable como condición.

Relevamiento de la actividad económica de su ciudad

1 La realización de un relevamiento, llevado a cabo en forma continua, de todas las empresas de su ciudad, área por área, bien detallado y completo, con tipo de actividad, antigüedad, productos principales que fabrican o comercializan, cantidad de operarios inscriptos, cantidad de operarios en tránsito o pasantía, situación con las cargas sociales (formulario 931) y sus impuestos, quien o quienes dirigen la empresa y los proyectos que tienen a corto y mediano plazo.

Provisión de folletos en papel y digitales

2 La instalación de una oficina para imprenta, o realizar el mejor convenio posible con diseñadores e imprentas para que se confeccionen los folletos para las empresas (5.000 anuales). Se establecerán 4 tipos de modelos de folletos y se adaptará el más adecuado por empresa. Todos los folletos competirán por diseño y originalidad y estarán puestos en sitios internet destinados a tal fin, a cargo del municipio por los primeros 5 años.

Coaching empresarial y auditoría contable

3 Habilitar una oficina para la atención del empresario:
   i) Deberá guiar y costear un coaching empresarial para que una vez al mes asista a cada responsable de la empresa durante el primer año, y cada dos meses durante el segundo y tercer año.
   ii) Instalar como obligación una auditoría mensual con el analista contable externo, promoviendo cierre de balances trimestrales, para luego elevar los informes a la Nación.

Coaching Empresarial

El abordaje de coaching empresarial focalizará su accionar en la vida cotidiana, entrenando habilidades de negociación, trabajando la motivación, los vínculos, los valores. Se focalizará en desarrollar motivación y producir resultados concretos.

Si trabajamos en el desarrollo de las pequeñas empresas, se mejorará el desempeño con *coaches* y mentores. Se promoverán los *coaches* que sean también psicólogos, pues su abordaje podrá ser más integral. Los mentores en cambio, deben ser personas con experiencia en el rubro y en las necesidades del empresario.

Los *coaches* y los mentores deben tener experiencia empresarial, pues deben estar familiarizados y entender el proceso que atraviesa un emprendedor en formar y hacer crecer una empresa.

Analistas Contables

Las reuniones mensuales se realizarán con el analista contable que audite los procesos y promocione el desarrollo de estudios de planillas de cálculo.

La importancia del EXCEL

Las planillas de cálculo son el factor crítico de éxito de una empresa. Por lejos, es la herramienta tecnológica más importante para analizar cualquier variable de las empresas. Si algo no se puede medir entonces, ¿cómo se puede gestionar? Para gestionar se necesitan planillas de gastos e ingresos, de pérdidas y de ganancias.

Muchos empresarios creen que están bien y no es así, no conocen sus números.

Para gestionar el avance de las tareas realizadas se llevará adelante la creación de un tablero de métricas de avance, un scorecard o dashboard para impulsar el avance de estas actividades.

4 La empresa

La empresa tiene **4 obligaciones** principales para mantener su permanencia dentro de los beneficios de este proyecto:

1 **Nómina de empleados:** deberá mantener siempre como mínimo el plantel de operarios inscriptos desde el primer momento.

2 **Coaching y mentoring empresarial:** asistir a las reuniones del coach empresarial.

3 **Auditoría y análisis contable:** facilitar todo a la Auditoría para los informes.

4 **Compromisos:** Cumplirlos al 100 %.

Ya mencionamos tres actores claves de un Gobierno: la nación, las provincias y las localidades.

Hablemos ahora del actor principal, la empresa, la cual asumirá un compromiso importante con los siguientes objetivos:

Nómina de empleados

1 Es obligación mantener como mínimo el número de empleados inscriptos en el inicio del proyecto. El compromiso es de mantener el número de empleados a largo plazo y si, por algún motivo cesara la relación con un empleado, este deberá sustituirse inmediatamente.

Coaching y Mentoring empresarial

2 A través de la oficina de gestión de su municipalidad, el empresario de la pequeña empresa deberá trabajar con asesores, el coach empresarial y el analista contable. Comenzar a profundizar sus conocimientos en estos temas le dará energía nacional a toda su empresa.

Auditoría y análisis contable

3 Facilitar todos los elementos para la Auditoría e informes. El balance de corte de la empresa debe ser trimestral y público, lo cual impulsará a trabajar en forma ordenada diariamente. De este modo el balance contable será automático. Utilizando un buen sistema contable, nuevamente ponemos foco en la tecnología. Habiendo conocido muchas empresas en mi vida, por el solo hecho de ser prolijas y tener balances trimestrales, han sido adquiridas y fusionadas a grandes ecosistemas de empresas produciendo un contagio virtuoso de crecimiento; todo crece a su alrededor.

Compromisos

4 Es condición sin ecua non el cumplimiento de los compromisos al 100 % de los involucrados en este proyecto para mantener la tecnología y los beneficios otorgados.

5 Las agregadurías comerciales

Promover, promover, promover

Deberá habilitar de inmediato una comunicación a todas las mejores marcas del mundo y gestionarla para que puedan entablar negociaciones con las pequeñas empresas de Argentina. Para explotar especialmente los mercados de Argentina y Mercosur (Brasil, Uruguay, Paraguay y Bolivia) y también Chile por las ventajas regionales.

Desarrollar Networking

Entonces ya tenemos casi todo para ganar, solo falta el quinto actor clave para el crecimiento de un país o de una comunidad o al menos de cada empresa: desarrollar actividades a través de los agregados comerciales en todos los países del mundo.

Promover folletos y libros de empresas

Todos esos folletos de las empresas, ¡y si son libros mejor!, el análisis de ferias y exposiciones, y todo el catálogo de empresas debe estar disponible a través de las agregadurías para su difusión.

Reuniones con hoja membretada oficial

Pocos empresarios lo saben, por lo menos de las pequeñas empresas. Pero si logran que la agregaduría de su país solicite en papel membretado oficial reuniones para ustedes, las mismas se considerarán con otra mirada. Los agregados funcionarán como *coaches* de las empresas pues conocen el lenguaje local del país extranjero donde estén sirviendo, sus diferencias culturales y, principalmente, las necesidades de negocios.

Marcas líderes

Las agregadurías comerciales buscarán habilitar de inmediato una comunicación a todas las marcas líderes del mundo y gestionar para que puedan entablar negociaciones de franquicias con las pequeñas empresas de Argentina o del país donde pertenezca la empresa que está aplicando el proyecto RS 516.

Comenzar con los vecinos

Comencemos con mejorar y ampliar el mercado interno y los vecinos. En el caso de Argentina, Mercosur (Brasil, Uruguay, Paraguay y Bolivia) y también Chile, miremos las ventajas regionales, detengamos el foco en todos los países de habla hispana, y desarrollemos junto a agregadurías comerciales de países extranjeros que organicen cursos y eventos culturales para aprender acerca de las diferencias culturales, las cuales son de mucha importancia al momento de entablar relaciones comerciales.

Aprender de diferencias culturales

Hay muchos libros en el mundo que tratan de diferencias culturales, pero les recomiendo uno que es consultado por todas las grandes consultoras y empresas mundiales: **Kiss, Bow or Shake Hands** de *Terri Morrison*.

Las 7 reflexiones RS

1. La Mediana Empresa.
2. Tecnología Directa versus Créditos.
3. Acortar el camino.
4. Cantidad de empresas en la Argentina.
5. Prioridad Nacional.
6. Impuestos.
7. Educación Asalariada

La mediana empresa

Las medianas empresas, de 31 a 120 empleados, viven desde hace más de 4 o 5 décadas desniveles y situaciones adversas que les han producido en muchos momentos situaciones de zozobra, estancamientos, asfixia financiera, atrasos de todo tipo y otros inconvenientes. Por lo tanto, sufrió todas estas consecuencias acumulando contingencias que no le serán fácil eliminar en el presente.

Subdividir empresas

Este proyecto propone subdividir en empresas menores a 30 empleados para que las contingencias las administre una de ellas y las otras inicien rápidamente una trayectoria sin contingencias de ningún tipo, pero **sí** en cambio con toda la experiencia acumulada de su antecesor.

Decimos que la Mediana Empresa Argentina se asemeja a la TORRE de PISA. Un día se fue inclinando y han pasado muchos años sin que logren enderezarla. Es mejor empezar nuevamente. En la mejor jerga del juego se dice que cuando va mal, es mejor ¡MEZCLAR Y DAR DE NUEVO!

2 Tecnología Directa versus Créditos

La tecnología es un habilitador

Para entablar una relación fabril con las marcas más afamadas del mundo, se debe tener como primera medida, la misma tecnología. Sino es imposible compatibilizar la velocidad de la moda, moldes, planos, publicidad, comunicación, etc.

El dinero no resuelve problemas, la tecnología sí

Actualmente, el Gobierno otorga créditos para las pequeñas empresas. Estos créditos implican que las empresas deban devolver ese dinero que pagarán en cuotas a plazo. Pero nadie controla que ese dinero adquirido en el préstamo vaya a usarse correctamente para crecer.

Este dinero decimos que es una ayuda y un alivio, pero **no resuelve el problema**

Ahora, si en lugar de dar créditos dieran directamente la tecnología con un mejorado sistema de plazo, el gobierno tiene la capacidad de ayudar a las empresas a ponerse a la par de primeras marcas, permitiendo competir con las mismas herramientas, es decir, la misma tecnología. Esto permite fabricar productos de primera calidad y competitivos a nivel mundial, pero fabricados en la Argentina.

La Propuesta es NO DARLE CRÉDITOS, SINO DIRECTAMENTE LA TECNOLOGÍA

El Gobierno puede resolverlo fácilmente y con aportes y beneficios. De este modo, el empresario podrá iniciar rápidamente su Gran Cambio, pagará las mismas cuotas, pero con este punto clave resuelto. Es decir, para poder andar, el Gobierno, al darle el crédito, es como darle EL SULKY (solo no marcha). En cambio, si le da directamente la maquinaria (de su tecnología) es darle ¡EL SULKY CON EL CABALLO! ¡Y de este modo empezará a andar!

3 Acortar el camino

Crear empleos y Exportar

Si desde este momento se inicia una nueva etapa con la mente puesta en la producción para crear EMPLEOS y mejorar la ECONOMÍA, por ende, se debe apuntar a ampliar el mercado interno y a la exportación regional. Es importante tener en cuenta que competiremos con las empresas de los países más desarrollados del mundo y que desde varias décadas invierten en tecnología, publicidad, moda y logística.

Asociarse es acortar camino

La Propuesta es buscar asociaciones y franquicias (por lo que es clave estar provisto de tecnología competitiva), y de este modo fabricar productos de calidad, afamados, con aporte nacional, pero con las marcas mundialmente conocidas y publicidad amortizada.

MORALEJA

Si a esta situación la comparamos con una carrera de FORMULA 1 donde corren 22 máquinas EL GRAN PREMIO DEL MUNDO, a 50 vueltas (que sería como pretender exportar) y los dos autos de Argentina quedan detenidos en la largada (las 4 o 5 décadas de estancamiento) mientras los demás empiezan a girar.

Están en la vuelta 30 y los dos nuestros arrancan, hacen una vuelta y los demás llevan 31, hacen dos vueltas y los otros van 32, por ende, girando nunca llegaran al podio juntos (tomamos esto de llegar al podio como competir para Exportar), por ende, la única manera de llegar juntos al podio es ¡CRUZAR EL CIRCUITO! Sin que nos penalicen será difícil y habrá sobresaltos.

¿Cómo hacerlo? Competir en equipo y asociarse con los primeros. Es la única manera de poder juntarse con los que van primeros. Dicho en un camino de montañas es encontrar un atajo, un camino adicional que acorte el camino. Es la única forma.

Adquirir licencias de marcas conocidas mundialmente es la mejor sugerencia para este planteo de acortar el camino.

Ventajas competitivas

De esa manera contamos con tres ventajas competitivas a proponer mirando en primera instancia los mercados de Argentina y Mercosur:

1) Ya que no se tendrá el costo arancelario (20 a 30 %).
2) Se tendrá mejor logística (terrestre versus marítima).
3) Mejorarán los tiempos de entrega (terrestre 48 a 72 horas versus 4 a 12 semanas si es marítimo).

4 Cantidad de empresas en Argentina

Según lo informado por distintas fuentes gubernamentales y estudios económicos, Argentina tiene aproximadamente 850.000 empresas, de las cuales las grandes empresas conforman menos del 1 %.

Según el ministerio de producción del Gobierno argentino (https://gpsempresas.produccion.gob.ar/), hay 605.000 empresas activas, de las cuales el 83 % son microemprendimientos, 16.8 Pequeñas y Medianas y solo el 0,2 % son grandes.

¿Cuántos exportan? ¿Solo el 1 %?

¡Apenas el 1,5 % es exportador! ¡No se puede vivir solamente del mercado interno! ¡Hay que fomentar exportar e incorporarnos al mundo!

Si 600.000 empresas activas (PyMEs) decrecen de a 1 empleado por las crisis y sucesivo estancamiento, habrá más desocupados; si reducen 2 puestos de trabajo por cada empresa, serán más de un millón.

¿Generar empleo o desalentar el desempleo?

Los Gobiernos y economistas se desviven por generar empleo, pero hay que pensar al revés, ¿cómo desalentar **primero** el desempleo?

Si se revierte la situación del pequeño empresario y se logra cambiar de rumbo, podríamos contar a la inversa. Si se agrega 1 empleado por empresa, serían 600.000 nuevos puestos de trabajo, pero si se agregan dos, serían más de un millón de personas que comienzan a generar ingresos incorporándose a la economía.

5 Prioridad nacional

Las pequeñas empresas son el motor de un país

Si observamos todos los inconvenientes que vivimos día por día y de difícil solución a corto plazo, como ser la inseguridad, el incremento del gasto en salud pública, el aumento de adicciones, la ampliación de la pobreza, el desempleo y demás desafíos de la humanidad acentuados por pandemias y crisis globales, vemos que de todos los problemas existe uno, solo uno, el más importante, donde el Gobierno puede contar con una gran colaboración para reducir significativamente cada uno de estos problemas. Las centenas de miles de pequeñas empresas.

Se debe pensar mucho más en el empleador, fomentar el emprendimiento, no el subsidio y el incremento del costo del estado. Se requiere una motivación significativa y conveniente para el empleador, y de este modo se encontrará una importante reducción de personas desempleadas al tener un empleo digno y a largo plazo.

Los Gobiernos deben enfocar este punto como de prioridad nacional.

En vez de pensar en medidas parciales que no llegan a resolver el problema, la solución es ser valientes y mirar el largo plazo aplicando estas medidas.

6 Impuestos

Cargas Sociales (931)

Se motivará al empresario a pagar solo el salario por los nuevos empleos que genere, hasta el doble de la cantidad inicial suscripta.

Veamos un **ejemplo**. Si la empresa inscribe 22 empleados podrá aumentar sin pagar cargas sociales por los próximos nuevos 22. Pero si a la empresa le va bien y luego de unos años llega a tener 90, su situación en cargas sociales será la siguiente: paga por los primeros 22, por la duplicación (es decir los nuevos 22) no paga, y a partir de allí, por el resto de los 46 sí paga. Este mecanismo directamente promueve el empleo.

Impuesto a las Ganancias

La empresa pagará el 10 % de dicho impuesto durante los primeros 10 años, y el 15 % hasta el final del período estipulado.

Confianza y entusiasmo

Cuando hay confianza se produce entusiasmo, y cuando hay entusiasmo podemos ver que los pequeños empresarios quieren pagar. Por eso Argentina produjo el segundo blanqueo más grande de la historia de 116 mil millones de dólares en el 2017 luego de Indonesia. Le seguiría Italia con más de 100 mil millones también. Repito, cuando hay motivación y entusiasmo, el empresario contribuyente ¡**va solo a pagar los impuestos!**

Al entusiasmo no se lo puede medir con números, ni con peso en kilos, ni por metro, entonces no se lo tiene en cuenta. Pero el entusiasmo quiere decir ganas y voluntad de pago espontáneo y es la raíz de las soluciones para que un país revierta y crezca.

Es muy distinto trabajar sobre la "hipótesis de una supuesta realidad de recaudación" versus **"la realidad"**.

Ejemplo: si un pequeño empresario ocupa a dos nuevas personas y paga solo el salario y las cargas sociales las paga el estado, estos dos nuevos salarios irán directo al consumo (ropa, comidas, cine, combustible, etc.). El estado recuperará inmediatamente lo que debe pagar por las cargas sociales (a través del IVA y ganancias por lo consumido), generando más contribuyentes y más recaudación. Al Gobierno le quedará como satisfacción que 2 personas ya no están desocupadas y que les cambió la vida.

Si el pequeño empresario paga el 10 % del Impuesto a las Ganancias de 1 millón de pesos, ingresarán 100.000 pesos al fisco. Además, el pequeño empresario estará entusiasmado porque tiene otros 900.000 pesos de manera legal para invertir o comprar un vehículo, o equipar su negocio, o su casa generando así más consumos.

En cambio, si este mismo empresario tiene de utilidad 1 millón de pesos y debe pagar 300.000 de impuestos, estará preocupado analizando de ver todas las formas para reducirlo. Su contador tratará de buscar todo tipo de deducciones, y finalmente si no puede pagar al vencimiento, el gobierno le dará plazos, recaudará mal, menos de lo esperado y a muy largo plazo. Tal vez termine pagando 150.000 pesos menos, pero tendremos un pequeño empresario preocupado, desenfocado, desmotivado, enojado, no productivo y alejado de trabajar legalmente.

Pagar los impuestos y recuperar la confianza y el entusiasmo es la única manera de poder lograr este gran cambio y trabajar con empresas y clientes internacionales.

Si un pequeño empresario que en la actualidad está en vías de reducción de su personal, y con su empresa en serios desequilibrios, poca rentabilidad y pérdida, y de repente se recupera y lo vemos pagando el 10 % de impuestos a las ganancias, quiere decir que el proyecto funciona, que el empresario subsistió y ganó dinero. Entonces la posibilidad de crecer y desarrollar nuevos puestos de trabajo es totalmente posible y será muy útil también como una prueba de las nuevas medidas.

Es cuestión de volumen. Más contribuyentes felices pagando menos generarán más ingresos que menos contribuyentes infelices con alícuotas altas.

Moraleja

- ✓ Si se pagan cargas sociales, no entusiasma contratar nuevos empleos y legalizarlos.
- ✓ Si se paga ganancias más del 10 % al 15 % quita entusiasmo porque el pequeño empresario piensa que solo trabaja para el estado.

- ✓ ¿Entonces qué pasa? Se pierde el entusiasmo y el empresario se desconcentra.

Este proyecto apunta a recobrar el entusiasmo y la cultura por pagar los impuestos a pesar de que ciertos asesores tributarios y/o funcionarios puedan pensar que este proyecto desfinancia al estado. No es así. Realmente pienso que esta propuesta causa un efecto contrario en la **real recaudación**. El Gobierno que lo haga logrará la confianza y el entusiasmo para siempre.

7 Educación asalariada

En complementación a las 10 reglas RS516 esta reflexión tiene como objetivo darle un propósito al subsidio gestionando una evolución hacia la capacitación y hacer que un individuo se sienta útil en su **NUEVO** trabajo.

Preparación ASALARIADA versus el aporte en PLANES sin futuro

Cada municipio debería habilitar un listado de todas las personas sin actividad y agruparlas según sus capacidades adquiridas, previas, aspiracionales, profesionales, etc. De este modo se tendría una primera selección de todas las personas de acuerdo con su mejor perfil, conocimiento y aspiraciones para desarrollar su NUEVA carrera laboral.

Los gobernadores DEBERAN asistir a los intendentes en esta tarea a través de los colegios de arte y oficio con incentivación y actualización del material de enseñanzas con miras a ESTE futuro.

El gobierno nacional debe tomar esta decisión para la mejor preparación y posterior incorporación como un empleado mejor formado y más útil INGRESANDO a la **nueva pequeña empresa.**

Cursos

Es fundamental la provisión de cursos de capacitación. El objetivo es **cambiar subsidios por una educación asalariada** que funcionaría como primer nuevo empleo. De esta manera se transformaría a las personas desocupadas por personas en vías de capacitación para su incorporación al sistema productivo nacional.

Salarios

El salario para la capacitación, el cual reemplaza al subsidio, dependerá de sus asignaciones y cumplimiento de estudio, como paso previo a la reinserción laboral.

Jornada

Se estipula un horario de 8 horas X DIA, en la cuales se tomarán clases, y también se tendrán recreos y vacaciones. De este modo las personas comenzarán su camino hacia la reinserción inmediata. Se debe considerar capacitaciones especiales para personas con problemas de mayor complejidad.

Curriculum

Construir un buen curriculum será muy importante para que las empresas cuenten con un elemento que les facilite el proceso de emplear a dichas personas con la preparación previa, y así seleccionarlas para LA TAREA REQUERIDA de cada empresa.

Tengo experiencia de haber visto funcionar muy bien las escuelas de arte y oficios. Algunos de nuestros empleados más experimentados han formado parte de los grupos de docentes en nuestra ciudad para las prácticas y varios de ellos hoy son empleados muy eficientes en nuestras empresas

Los colegios salesianos San José, La Salle y muchos otros, hacían excelentemente bien la capacitación durante los años 1960 al 1980. Se los debe ayudar a reorganizarse.

PARTE 2

REGLA N° 1: Vigencia de la Ley

20 a 30 años

Emprender es imaginar a largo plazo, luego cada uno se adaptará durante la vida.

La Ley debe ser a largo plazo, idealmente a 30 años, debido a que se pretende recuperar la confianza de los accionistas y directores, especialmente del MENTOR de cada empresa, teniendo en cuenta que tal vez estas personas sean de edad avanzada, por lo que es clave retornarlo a la actividad al menos para la transmisión de su *expertise* a los jefes, dueños o herederos de la empresa.

La idea es recuperar la confianza para buscar una dedicación total transmitiendo así que **SIN NINGUNA DUDA** esta vez, sí o sí, lo logrará, ya que el estado le dará seguridad por Ley de que los empresarios contarán con la tecnología de primer mundo y se la entrega en mano a pagar a plazo con un año de gracia.

De esta manera, los emprendedores podrán tener utilidades y producir un excepcional pago del 10 % de impuestos a las ganancias por 10 años. Y luego el 15 %. Así podrán regularizar sus utilidades libremente y podrán hacer crecer el plantel de empleados pagando solamente el sueldo.

Si la ley es a largo plazo, a la empresa se la mirará como una buena herencia para la familia y sus empleados más arraigados. Y para ello se necesita que vuelva a creer.

Las agregadurías comerciales los asistirán con la gestión de las posibles alianzas con las mejores marcas del Primer Mundo.

REGLA N° 2: Hasta 30 empleados

Medición utilizada

Una pequeña empresa debe clasificarse hasta 30 empleados, una mediana de 31 a 120, y una grande desde 120 en adelante.

Este proyecto toma a la pequeña empresa midiéndola por la cantidad de empleados. Se toma hasta 30 (tope) porque se estima que hasta esta cantidad puede ser gerenciada por una sola persona, como Director General y Ejecutivo. Esto bajará los costos de sueldos de alto rango, ya que una sola persona puede dirigir perfectamente 30 empleados.

Si la empresa cuenta en la actualidad con más de 30 empleados, podrá adherirse a la división y creación de dos o más nuevas empresas con el tope de 30 empleados cada una con el mismo modo.

A partir de ahí podrá beneficiarse con este proyecto y comenzar a crecer para ser grande.

REGLA N° 3: Empleo y Plantel

Promoción a largo plazo

El empleador debe mantener siempre como mínimo el plantel de empleados declarados al momento del ingreso a este proyecto como requisito para obtener las ventajas. El mínimo es de 10 hasta un máximo de 30 empleados (TOPE para la inscripción).
En toda la vigencia de este proyecto de promoción, 20 a 30 años, no abonará las contribuciones sociales por las nuevas incorporaciones que podrán ser hasta el DOBLE de los empleados inscriptos.

¡Cuántos más empleados registre, más podrá crecer!

Cuando una empresa se crea, cuenta con una cantidad determinada de empleados necesarios para funcionar, y durante 10 años debe comprometerse a pagar los sueldos y contribuciones por esa nómina, pero no sobre el excedente que genere para crecer.

Pongamos un ejemplo, si una empresa se compromete a tener 12 empleados a los cuales les paga el salario y sus cargas, podrá ampliar su plantel hasta el DOBLE de los empleados que registró al comienzo, o sea 12 más, y por estos NO PAGARÁ las cargas sociales. La vigencia para ampliar en forma total o parcial la cantidad de nuevos empleados sin pagar cargas sociales es por toda la vigencia de la ley.

Es importante analizar la extensión de las eximiciones durante todo el período de vigencia, justamente para motivar a los pequeños empresarios a desarrollar el esfuerzo y tener esperanza, como si fuese un premio o medalla por ayudar a detener el desempleo y ayudar al país.

¡Hay que motivar al pequeño empresario a crecer! Si necesito 5 operarios o empleados para hacer una tarea, pensaré como incorporar un sexto debido a la promoción, disminuyendo el promedio de cargas sociales y comenzando a pensar en mayor facturación y margen para los empleados.

Desde hace muchos años conozco las teorías de muchos economistas, incluyendo Premios Nobel en Economía. Este plan de negocios que presenté en Francia se inspiró en sus enseñanzas, y fueron ellas las que me inspiraron y fortalecieron mi convencimiento sobre la importancia del impacto de la confianza y el entusiasmo en las estadísticas a largo plazo. Ya luego observé este patrón en muchos líderes y estadistas mundiales, los cuales demostraron que "el deseo de lograr un propósito" es un combustible más importante que el conocimiento y las habilidades. Solo hace falta que los emprendedores tengan la oportunidad. Esos 30 años podrían verse como los 30 años de la verdadera prosperidad. Un sueño así movilizará generaciones.

REGLA N° 4: Impuestos

Promoción para emprender

✓ *Pagar las contribuciones sociales del plantel inscripto inicialmente y no pagar por el doble de futuros empleados es como se motiva a crecer.*
✓ *Pagar impuesto del 10 % de ganancias en los primeros 10 años, y luego un 15 % hasta finalización del período.*

Cargas sociales

La empresa debe mantener lo estipulado en la Regla 4 de este libro siendo irrevocable mantener el plantel inicial. La empresa puede cambiar o sustituir un empleado con las reglas existentes debiendo reponerlo. No puede reducir el plantel indicado inicialmente para continuar con los beneficios de este proyecto ¡SIEMPRE!

Como gran incentivo se propone que, por cada nuevo empleado que incorpore (hasta el tope de la misma cantidad que inscribió en el comienzo) las cargas sociales las abonará el Estado durante el período de vigencia de esta ley.

Este incentivo motiva al empresario a:

- Inscribir la mayor cantidad de empleados en la plantilla desde el comienzo,
- y TOMAR NUEVOS EMPLEADOS en el corto plazo.

De este modo el Estado se asegura varios puntos:

- Detener el desempleo y comenzar el aumento del empleo,
- Incentivar al CONSUMO gracias a los nuevos salarios (por lo tanto, aquí el Estado recuperará parte o el total de la erogación del 931 por los nuevos empleados).
- Y obtendrá un gran cambio en el clima social y en el afecto al trabajo y la producción.

Impuesto a las Ganancias

Esto será una gran motivación para que las empresas den utilidad, dado que el impuesto para aumentar el capital se vuelve accesible. También facilitará la reeducación hacia la cultura de trabajo en todos los aspectos y de manera rápida, ya que este gran incentivo se da mayormente en los primeros 10 años.

Luego de los 10 años, se tiene una motivadora alícuota fijada por LEY desde el primer día.

Reitero: No creo que se deba perseverar en las empresas de 31 a 120 empleados que se encuentran **estancadas**. No son ágiles y, por acotar unos costos, se incrementan otros que impactan en su rentabilidad. Las empresas medianas deben ser solo un tránsito hacia ser grande, y no una categoría de empresa.

Mi objetivo es detener el desempleo, generar confianza y promover las empresas de hasta 30 empleados.

REGLA N° 5: Tecnología

¡La tecnología es clave!

No tiene sentido invertir en una empresa si no pensamos como primera inversión en la tecnología directa. Todo emprendimiento requiere máquinas del primer mundo para su actividad, esta es la llave del negocio.

Las Municipalidades de cada ciudad tendrán la tarea de identificar y proponer la mejor tecnología para cada una de sus pequeñas empresas y LAS TOP PARA SU MAYOR DESARROLLO.

Se analizará en CONJUNTO con el Estado, caso por caso, y se llegará a la mejor conclusión de cuáles serán las mejores alternativas de adquisición.

Se buscará una banda económica de inversión, de entre XX y XXX USD. Esta cifra podrá modificarse en más o en menos luego del análisis y evaluación.

Se definirán las maquinas o equipos, y una vez resueltas, el estado las adquirirá de manera directa, con los costos base únicamente, y las financiará en 5 años en dólares con una tasa baja no mayor al 5 % anual, con 1 año de gracia y 4 para completar el pago.

Se dejará establecido el lugar de pago de la cuota mensual (por ejemplo, en los bancos más cercanos a la empresa). Luego del cumplimiento correcto y pago del 60 % de esta primera adquisición, la empresa estará en condiciones de adquirir DOS NUEVOS EQUIPOS BAJO EL MISMO FORMATO.

Los equipos estarán prendados o a nombre del Estado hasta su total cancelación, siendo la empresa la total responsable de su cuidado y mantenimiento, incluida la toma de los seguros para su protección.

El estado actúa como regulador y contralor de contratos buscando fuentes de inversión tales como el BID, el Banco Mundial, y otros anclados en compras específicas de tecnología y también a los créditos por intercambio comercial de país a país (OMC).

REGLA N° 6: Ferias y Exposiciones

Si a una empresa no la conocen, no existe. Y si no conoce a los demás, tampoco.

La empresa debe contar con un calendario quinquenal con al menos entre una o dos participaciones anuales en ferias y exposiciones regionales y/o internacionales.

Se fijará el predio más adecuado, y de este modo los clientes e interesados de la República Argentina y de todos los países del Mercosur podrán agendar los días exactos para asistir a estas ferias donde cada empresa expondrá lo mejor de su creación, lo nuevo y lo que considere más conveniente.

Por ello tendrá las siguientes ventajas:

a) no pagará los metros cuadrados por cada stand por los primeros 10 años.

b) tendrá un crédito en pesos, otorgado por la Gestión de la Gobernación a un año, a tasa muy baja, para los gastos y viáticos.

c) podrá reencaminarse al mejor sendero del mundo exhibiendo, pues tendrá 5.000 folletos sin cargo de sus productos para poder entregar a sus clientes. De este modo podrá competir y ver al mundo de otra manera, al igual que a sus clientes y futuros compradores.

REGLA N° 7: Marketing y Publicidad

Folletos para las empresas

El diseño y folleto de la empresa, por los primeros 5 años, con una cantidad de hasta 5.000 deben ser un beneficio que subsidiará cada municipio.

Se debe motivar a la pequeña empresa a obtener elementos de marketing y publicidad para dichas ferias y exposiciones. Es importante en los primeros 10 años confeccionarles gratis los elementos promocionales necesarios, como folletos, y evitar que estos dos importantes rubros sean el fuelle económico de la caja chica de la pequeña empresa y que finalmente termine no realizándose o haciéndose de manera discontinua y con poca programación.

La obligación de asistir a las ferias, mostrar sus productos, sus avances y entregar un catálogo, dará una mayor solidez de presentación para sus nuevos clientes y motivará a generar prototipos y nuevos modelos para el próximo año y el futuro.

REGLA N° 8: Profesionalización y Sostenimiento

Coaching Empresarial

Es clave para ayudar al que dirige.

Es muy importante estar cerca de las pequeñas empresas de manera permanente para su asistencia, según sus mayores necesidades, y colaborar lo máximo posible en esta nueva ruta empresarial aportando a su mejor calidad de vida. Realizar una Auditoría una vez al mes, de manera estricta para tener la información y hacer el seguimiento en la parte contable, administrativa, costos e impuestos.

Colaborar para motivar a que cada empresa tome como UNICA MANERA DE TRABAJAR "LA FORMALIDAD", para insertarse al mundo y acceder también a las importaciones y exportaciones.

REGLA N° 9: Reestructuración de empresas medianas

Incentivación de una verdadera agilidad

Si una empresa mediana se encuentra estancada, será mucho mejor permitirle subdividirse en nuevas pequeñas de hasta 30 empleados, los cuales pueden transferirse entre sí, sin costos ni cargos, manteniendo la antigüedad y los aportes originales estructurales.

Si es más reducida, será más fácil corregir los trastornos de la empresa original permitiendo que las nuevas puedan REINICIAR UN NUEVO CAMINO EMPRESARIAL SIN LAS CONTINGENCIAS QUE ARRASTRABA LA EMPRESA MADRE.

Las MEDIANAS EMPRESAS -las que tienen desde 31 a 120 empleados- no están en buenas condiciones luego de muchos años de divergencias de todo tipo, cambios de reglas económicas y comerciales, altos porcentajes de inflación, falta de competitividad, y tantas más, lo que las ha arrastrado a acumular importante carga de contingencias.

Si en lugar de una empresa mediana se tienen 2 o 3 nuevas empresas chicas, ellas trabajarán alineadas buscando los mismos objetivos, y podrán trabajar mucho más rápido y con mayor facilidad.

REGLA N° 10: Agregaduría Comercial

Hay que usar los puentes de nuestro país

Tienen una gran e importantísima tarea.

Desde ahora las pequeñas empresas tendrán:

1) Tecnología de primer mundo.
2) Empresas nuevas (sin contingencias).
3) Empleados seleccionados por área y profesión altamente específica (buscados dentro del plantel), dedicados a la nueva pequeña empresa y con todas las ventajas que le permite este proyecto para competir especialmente en la región, en todo el territorio argentino, Mercosur y Chile, con menores impuestos, y mejor logística para los tiempos de entrega. Todo aquello genera el aumento del consumo.

Aquí la función de las agregadurías es la de difundir al mundo este nuevo proyecto para conseguir relacionar a las grandes Marcas Internacionales por sus franquicias y asociaciones con las empresas de sus propios países.

Esto permitirá una gran evolución en cada una de las pequeñas nuevas empresas.

PARTE 3

PEQUEÑA EMPRESA...DESDE AHORA SERÁS GRANDE 115

Entrevista en la Revista Forbes

Me complace aquí copiar esta entrevista realizada a mi persona de la Revista Forbes.

EL TÍPICO GUSTO FRANCÉS

Forbes Argentina – octubre 2013 # 25

Por Paula Krizanovic

Roche Bobois, la marca inmobiliaria de alta gama estrena nuevo local en Puerto Madero. Expansión, *target* y los secretos para vender sillones que valen US$ 35.000.

Puerto Madero parece estar cambiando su cara todos los días. Nuevas torres y edificios se elevan por doquier, y cada vez más personas comienzan a dar vida a las calles que no hace mucho eran pasillos abandonados entre dársenas en desuso.

En ese ambiente tan vibrante, renovado y exclusivo, Raúl Scarpeccio, presidente en la Argentina y Chile de la casa de muebles de alta gama Roche Bobois, trata de crear un rinconcito de Francia para quienes gustan del buen gusto, valga la redundancia. "Puerto Madero no va a ir para atrás, se va a poblar de residentes en lugar de inversores, y surgirán al menos uno o dos edificios nuevos", asegura confiado a FORBES.

Por eso, sobre la calle Juana Manso, la marca cortó en septiembre las cintas de su tercer local en Buenos Aires, justo a la vuelta de su punto de venta inaugurado en 2011.

Scarpeccio recibe a FORBES sentado en el colorido sillón Mah Jong, el artículo más emblemático de la marca. El mismo se arma según la necesidad del cliente, a través de distintos módulos combinables en cantidades y posiciones variadas. Cada año es rediseñado por un referente de la alta costura europea, como Emanuel Ungaro, Kenzo, y Jean Paul Gaultier. El mismo modelo, en la versión pensada por la italiana Missoni, adorna ahora la nueva vidriera de Roche Bobois sobre Juana Manso. Comprar su composición completa ronda los US$ 35.000.

¿Pero por qué invertir $ 250.000 en un nuevo local tan cerca del otro? "Porque en el medio hay una joyería", bromea Scarpeccio, y aclara muy rápidamente que el objetivo es crear "dos polos" de la marca, uno en Puerto Madero y el otro en la Avenida Alvear. Allí la firma cuenta con una boca en la histórica zona mueblera del Microcentro, en la codiciada esquina de Cerrito y Arenales.

Ampliarse con un nuevo comercio de 700 m² se volvió necesario para mostrar en todo su esplendor un producto tan escultural como los muebles. "Roche Bobois lanza cada temporada cuatro colecciones. Y cada local en Madero tiene 2 plantas, así que ahora tendremos un espacio diferenciado para cada una de ellas", explicó Scarpeccio.

Además, ya que el catálogo global de Roche Bobois tiene 18.000 artículos, en cada mueblería habrá productos diferentes, sin repeticiones. Más aún, los vendedores estarán instruidos para acompañar a los clientes entre un comercio y el otro, de acuerdo con el estilo que buscan. Sucede que la marca está preparada para armar proyectos de mobiliarios enteros, sin que este servicio se cobre aparte.

Con esta estrategia, la pata local de Roche Bobois apunta a crecer cerca de un 40 % este año respecto al 2012, cuando facturó en la Argentina cerca de US$ 1 millón.

SER UNA MARCA EXTRANJERA en la Argentina y vender en dólares no es algo que resulte fácil en los tiempos que corren. Sin embargo, Scarpeccio afirma haber "hecho los deberes" en la Secretaría de Comercio y asegura que no ha tenido mayores problemas para ingresar sus productos al país. "Cuestionar la ley o molestarse es perder el tiempo, hay que ver como uno se encuadra, te calce o no te calce el zapato", remarca al respecto del régimen de importaciones.

Vale la pena aclarar que la firma dueña de la licencia de Roche Bobois tiene además una fábrica local que manufactura muebles para hoteles y el sector corporativo, desde donde exporta. "Tenemos 60 operarios entrenados internacionalmente. El INTI es testigo de nuestro procedimiento, y el Gobierno lo entendió", detalla al respecto el presidente de la marca para la Argentina y Chile. Respecto del tipo de cambio, el proceso también está claro. "Siempre vendimos en dólares. Hoy vendemos al dólar oficial. El Gobierno autoriza las divisas para pagar afuera", dice el titular local de la firma francesa. No obstante, los clientes que lleguen a los locales exclusivos en Buenos Aires y paguen en "dólar billete" tendrán un descuento de parte de la marca.

No es un detalle menor si se considera los precios de la mercadería. Una mesa de Roche Bobois puede costar entre $ 5.000 y 10.000. El valor agregado no es solo el sello francés, sino la calidad. "Generalmente el que viene es porque creció con muebles europeos en su casa y cuando ve nuestros productos reconoce su calidad", asegura Scarpeccio. ¿El *target*? El ejecutivo describe a sus clientes como personas con alto poder adquisitivo, matrimonios, aunque también cada vez más hombres que, así estén solos o acompañados, se interiorizan en el diseño y demuestran poder de decisión.

"A Roche Bobois la eligió el público", define Scarpeccio sobre el origen de la marca. Esta fue traída al país por una empresa mueblera que se dedicaba al segmento corporativo, pero además tenía la licencia para venta al público de la marca Cacharel Maison.

Sin embargo, a mediados de los 80, la compañía decidió cambiar por un socio cuyo principal negocio fueran los muebles. Se desarrolló un estudio a nivel latinoamericano, que se sigue efectuando regularmente para relevar la opinión de decoradores, editores de medios especializados y dueños de mueblerías, entre otros formadores de opinión del sector. Ellos deseaban trabajar con los productos de Roche Bobois.

Con ese reporte en mano, y la ayuda de la Cancillería Argentina, la empresa se presentó en la casa matriz, y logró la licencia para Latinoamérica en 1985. La inversión inicial recuerda Scarpeccio, fue de unos US$ 500.000 de ese entonces. El objetivo era plantar la marca en distintas provincias, y así se abrió el primer local en Rosario. No obstante, la eclosión del gobierno de Raúl Alfonsín y la hiperinflación modificaron los planes de la marca, que se instaló definitivamente en Buenos Aires, donde se concentró la demanda de mobiliario de alta gama. Y se convirtió en un referente indudable del sector.

Ejemplos y Propuestas

RS 516 es aplicable a todas las pequeñas empresas y diversidad de rubros.

Si este anteproyecto en algún momento se convierte en una Ley, el modo de comenzar asegurando el inicio es tomar un grupo de tres rubros, por ejemplo: fábrica de calzados, fábrica de pan (panaderías), y lavaderos de autos.

De este modo y como inicio piloto, con tres rubros puede comenzar perfectamente la aplicación del plan. Y en paralelo ir ajustando a todos los demás rubros y la reconfiguración de todas las pequeñas empresas, para que queden en condiciones de ingresar al sistema.

Panaderías

Si en todo el país existen más de 1.000 municipios, y más de 6.000 panaderías que se ajustan a este proyecto, el Gobierno podrá comprar 6.000 máquinas automáticas para hacer el pan. Su costo con los accesorios oscilará entre 60.000 a 150.000 dólares, dando un promedio de 600 millones de dólares que las pequeñas empresas pagarán en 5 años. El Gobierno puede obtener créditos del Banco Mundial, El Banco Interamericano de Desarrollo y la propuesta de canje con los países fabricantes de estas máquinas a través de la Organización Mundial de Comercio (OMC), ya que la Republica Argentina tiene mucho para ofrecer en *commodities* o materias primas de exportación.

Con esta máquina, la pequeña empresa de fabricación ahora podrá fabricar el pan con duración para dos días, ya que tendrá el envase presurizado, y también fabricará accesorios, como una gran variedad de galletitas, masas, tortas y derivados.

De esta manera podrá ampliar su clientela, vender a otros comercios, proponer un packaging más moderno y realizar un delivery a comercios de ciudades vecinas, porque ha obtenido una mayor duración en su PAN FRESCO.

Mantendrá su plantel de operarios y podrá proponer nuevos puestos de trabajo. Esta NUEVA panadería podrá pagar perfectamente este crédito, ya que con el primer año de gracia le será más que suficiente para corregir sus contingencias anteriores y asumir sin problemas este compromiso. Este es un ejemplo de la evolución, modernización y cambios que tendrían todas las pequeñas empresas.

Fábrica Textil

"Cuando las cosas van mal, es mejor mezclar y dar de nuevo"

Tomamos como otro ejemplo una fábrica textil de 70 empleados, la cual fabrica telas para tapicería, y que tiene serios problemas de sustento y mercado.

Por lo general aquellas son empresas medianas que desde hace varios años sufren el típico estancamiento, tanto en la parte de modernización, de diseños de avanzada, de prestigio internacional -pues no es una Marca conocida a nivel Mundial- y la competencia que generan las otras marcas del sector provenientes de países como Brasil, China, Japón, Usa y Europa. Por lo tanto, su desenvolvimiento y crecimiento se verán muy afectados y su pronóstico parece complicado.

Veamos cómo se puede beneficiar a esta fábrica si le aplicamos el proyecto RS 516. Como esta empresa estancada tiene alrededor de 70 empleados, tal vez formaríamos tres nuevas pequeñas empresas, desarrollando una nueva estrategia comercial que contenga el mejor mercado a desarrollar, el cual seguramente incluiría la fabricación de telas de alta calidad, o media-alta y alta, ya que competir con China es complicado en costos para un país como Argentina. Si se apunta al producto calidad alta y media-alta se debe tener:

- **Tecnología.**
- **Diseños actualizados.**
- **Marca Italiana de telas de tapicería de primera línea.**

Esas tres variables, bien combinadas, son posibles si se siguen los pasos adecuados:

Las fábricas de telas y diseños del más alto nivel del mundo en calidad y sofisticación están en el norte de Italia, cercanas al Lago de COMO y al Lago de LECCO. Allí son arte puro.

Es posible negociar una Franquicia para fabricar sus telas, tal vez se puede montar un nuevo Taller Boutique con las mismas máquinas de hilados y de tejidos.

La empresa matriz nos proveería de su nombre, la selección de los hilados, los diseños y de cómo fabricar las telas (know-how). Aquella empresa estancada de 70 empleados podría subdividirse de la siguiente manera:

- **Primera pequeña empresa: una Fábrica solo de Hilados**, la cual proveería a su fábrica hermana de tejidos y también vendería hilados a las demás industrias del sector, porque cuenta con la tecnología más moderna del mundo para fabricar HILADOS.
- **Segunda pequeña empresa: una Tejeduría**, la cual se proveería de los hilados de su fábrica hermana, y también podrá comprar algunos hilados especiales del mundo para poder fabricar las telas con el mejor estilo de su Franquicia.
- **La tercera pequeña empresa** se dedicaría a la comercialización y logística, la cual tendrá como proveedores a su empresa Hermana textil y también toda la colección de La Marca italiana para poder atender el Mercado Nacional y Regional con exportación a los 5 o más países de la región. De este modo se puede convertir en **líder** como **proveedor de telas de tapicera de alto nivel, con ventajas de costo y logística en la región.**

"No dar solo el Sulky, sino también darlo con el Caballo (tecnología directa)"

Fábrica de máquinas de coser

"El pájaro canta ... ¡hasta morir!

Si tomamos como ejemplo las pequeñas o medianas empresas existentes de máquinas de coser podremos ver que ya no quedan ninguna en nuestro país. Tal vez una de las ultimas fue la afamada marca Singer ubicada en San Francisco, Córdoba, la cual cerró sus puertas en enero del año 2019. Se trata de la última empresa nacional dedicada a ese rubro, con una trayectoria de 64 años.

Lamento mucho, mucho esta noticia, ya que este rubro es de mi pleno conocimiento y conozco muy bien la necesidad de tener una fábrica del nivel y la calidad de Singer, que fabricaba máquinas de coser de la misma calidad que el primer mundo.

La máquina de coser es clave, pues mueve la industria de:

- Tapicería en general, sillas, sillones y sofás.
- Costuras para toda la industria pesada, incluyendo lonas para transportes, carpas y demás derivados.

- Ropa de intemperie, lluvias y derivados y un sinnúmero de otros productos que las requieren.
- Toda la ropa e indumentaria, incluyendo las costuras de pantalones, camisas y vestidos para todas las edades.
- Calzado, todas los zapatos y zapatillas requieren ser cocidos.
- Entre otros tantos.

Por lo cual, mantener una fábrica de máquinas de coser con la más alta tecnología del mundo y con la franquicia de una de las mejores marcas internacionales sería lo ideal.

En la actualidad, las Marcas más renombradas están en Alemania y Japón. Recuerdo una máquina de coser de Alemania muy famosa que se llama "Adler". Esta se fabrica dentro del marco de una industria muy grande y es una marca altamente prestigiosa. Estimo que puede tener en su catálogo más de 1.000 modelos de máquinas de coser, son realmente especialistas del tema y famosos por su excelente calidad en sus productos.

Si se tiene su licencia y la tecnología que Adler exige, en Argentina se pueden fabricar tres modelos top de máquinas para tapicería, tres modelos de máquinas para costura de lonas pesadas y tres modelos de máquinas para la costura textil. Si se hiciera eso, se podría replicar la empresa en nuestro país fabricando 9 modelos de máquinas (de las más vendibles, contando con la licencia y la marca europea, pero con la ventaja de entrega inmediata y sin impuestos). Además, al tener el acuerdo con su Casa Matriz, tendría el catálogo de las demás 991 restantes para ampliar su oferta y variedad para el mercado de nuestro país y el Mercosur.

La fábrica Singer que ha cerrado era una Pyme, y con los acontecimientos de estancamientos que imagino sufrieron la mayor parte de las medianas empresas en nuestro país, lamentablemente cerró.

Voy a imaginar su aplicación del proyecto RS 516:

- Tendría la tecnología directa para la producción de solo 9 modelos (los más vendibles) pero puede atender el mercado con los 1.000 modelos porque su licencia le permitirá tener la exclusividad de su marca y ofrecer todos los modelos para estos mercados.

- En la reforma, y tomando la regla de tener hasta 30 empleados, tal vez se hubiese creado tres nuevas pequeñas empresas de entre 15 y 25 empleados, cada una reubicando sus empleados conforme su especialidad y experiencia. Así tendríamos una empresa que sería la Nueva Pequeña Fábrica

- La segunda tendría a su cargo el desarrollo y la gestión de las áreas de marketing y ventas (donde se proveerá de los modelos de su Fábrica Hermana y de la Fábrica Matriz) y ofrecería al mercado los 1.000 modelos y variantes.

- Y la tercera sería una empresa exclusivamente dedicada a logística y servicio técnico, y se ocuparía de todo el empaque nacional e internacional, para la importación y exportación y las entregas con la mejor agilidad y toda la venta de repuestos y servicio técnico.

Conclusión: De tener una empresa mediana estancada, pasaríamos a tener tres nuevas pequeñas empresas, totalmente dinámicas y con las puertas abiertas para mantener el empleo y el crecimiento en lugar de haber cerrado como fue el triste caso de Singer.

Lavadero de autos

Otro ejemplo, tomemos los lavaderos de autos.

¿Cuántos lavaderos de autos existen en cada pueblo o ciudad? tal vez 10.000 o 20.000 en la Argentina… cada uno de ellos es una pequeña empresa. Pero si se las nutre de la nueva tecnología podremos ver un gran cambio.

Existen varias maquinarias en uso y también el lavadero manual. Pero los más modernos son los equipos automáticos donde entra el auto y sale listo y secado, solo uno o dos asistentes le dan el suave secado final y realizan la limpieza del interior. Todo este proceso automatizado toma 10 a 15 minutos por auto, mientras que antes se debía solicitar un turno, dejarlo una o dos horas, y retornar a buscarlo. Todo esto implica que los clientes dudarán entre lavar su auto o dejarlo sucio para no perder el tiempo. Con la nueva tecnología habrá muchos más autos limpios, más asepsia y las ciudades se verán más lindas.

- **Días y horarios productivos:** Un lavadero actual tiene horarios acotados y las tareas las realizan las personas. En cambio, con la nueva tecnología, la tarea la realiza la maquinaria, por lo cual se puede multiplicar, en un mismo periodo de tiempo, un 300 % o más la cantidad de autos lavados. Pero, así como se podrá ampliar el horario de atención, también se podrán tener dos grupos de empleados y esto hará que, en vez de atender por 8 horas, se podrá atender por 12 o más horas por día, incluidos los sábados, domingos y feriados ya que es la maquina la que lava los autos y no tanto las manos de las personas. Solo se deberán tener equipos de personas dedicadas a la administración para dirigir el proceso.

- **Marketing adicional**: mientras el usuario espera esos 15 minutos, aprovecha este tiempo y pasa por la boutique del lavadero y seguro compra algún adicional o perfume para su auto, y luego pasa por el bar y toma un café con medias lunas. Conclusión, regresa con su auto lavado, ha perdido poco tiempo, tomó un buen café y compró un perfume para su auto. Esta idea activa otro comercio de ventas y hace muy feliz al usuario y beneficia a la empresa.

- Si el propietario de esta empresa (lavaderos de autos con tecnología moderna) piensa en expandirse, podrá tener sucursales. De este modo hemos logrado pasar de una pequeña empresa con vías de desaparecer a una empresa grande y en expansión.

LA MAYOR SORPRESA DE ESTA EVOLUCIÓN LO HA DADO LA PROVISIÓN DE LA TECNOLOGÍA DIRECTA del primer mundo al mejor valor del mercado, ya que ES el Gobierno el que debe tomar esta decisión, y verá cada día la Transformación Favorable de las pequeñas empresas en su tránsito a hacerse grandes.

El Automóvil Club Argentino de Buenos Aires (ACA) tiene un lavadero de autos tradicional manual en la Calle Tagle y Libertador. Y también tiene un Lavadero Moderno con tecnología de Punta en la Calle Godoy Cruz.

Los invito a ver ambos lavaderos y así podrán sacar sus propias conclusiones.

Fábrica de zapatos

Si una fábrica de zapatos de buena calidad y con su marca propia y talento, continúa trabajando de la manera tradicional o con la adquisición parcial de algunas maquinarias, pero no de un equipo completo de todo el circuito con la nueva tecnología, de nada sirve la manera parcial pues en algún lugar continuará el cuello de botella y solo servirá para seguir subsistiendo. O, peor aún, algún día tal vez deba cerrar por los avatares del mercado.

Si en vez de continuar de ese modo, el Gobierno le diera la tecnología directa para fabricar sus zapatos (son muy pocas maquinarias que se necesitan, pero DEBEN SER LAS ULTRAMODERNAS Y DE MEJOR TECNOLOGÍA) PODRÁ CAMBIAR su manera de fabricación y salvarlo del fracaso.

En este nuevo contexto, fabricará en serie, de manera exacta y de buen calce. Pero además de mayor variedad y mejor calidad de acabados, podrá semanalmente trabajar en prototipos de nuevos modelos por los cambios de temporada.

Si a eso le sumamos que cuenta con la gestión de una Franquicia de una Marca Internacional (por ejemplo, Hush Puppies, Adidas, Nike, etc.) y contar con la tecnología idéntica, le será más fácil a la Agregaduría Comercial Gestionar la licencia o asociación. Esto podrá cambiar el destino de esa empresa y ampliar su mercado interno y de expansión en el Mercosur y demás países.

Si evaluamos la cantidad de Fábricas de Calzados que tenemos en Argentina podremos rápidamente cuantificar el cambio y los beneficios de aplicarles el Proyecto RS 516, el cual lo beneficia también a mantener la cantidad de operarios para que conserven su trabajo al mismo tiempo que le permitirá crecer y evolucionar, pues le permite a la empresa tomar nuevos empleados con grandes beneficios impositivos para incentivar el crecimiento y dar solución al problema del desempleo.

Todos estos cambios son posibles si se aplica RS 516 tal cual se indica en este libro.

Epílogo

Este libro está escrito con naturalidad y simpleza, pero con una mirada SERIA A LA REALIDAD Y PLENA ORIENTACIÓN A RESULTADOS.

Mi intención es utilizar un lenguaje simple, sin caer en palabras que muchas veces más que aclarar confunden, o solo producen alivio, pero no llegan a generar un Resultado concreto y definitivo.

A lo largo de mi carrera he tenido la suerte de dirigir pequeñas empresas con mucho empuje y dinamismo, y competir en alto y en ¡¡¡muy alto voltaje!!! Gracias a ello he logrado comprender lo que realmente significa trabajar con las mejores marcas del mundo, obtener y negociar licencias y permanecer siempre en la parte elevada del mercado.

Además de haber trabajado muchísimo durante toda mi vida, confieso que también me he divertido mucho, en todos los órdenes de la vida, algo por lo cual estoy y estaré siempre muy agradecido. La diversión es parte fundamental de disfrutar del éxito y las relaciones.

Es justamente por ello que los invito a leer mi próximo libro, mi tercero, titulado "Logros", disponible próximamente también en Amazon, donde estarán prontamente mis tres libros.

En este tercer libro hablo de la satisfacción de tener una industria con la más alta tecnología internacional en el rubro, contar con uno de los *showrooms* más sofisticados del país, de primer nivel y marca internacional como los de Nueva York y París y poder vivir en el lugar que siempre he imaginado.

Todo esto se lo debo al éxito de nuestras empresas…

NUNCA TE DES POR VENCIDO ¡¡¡¡NI AUN VENCIDO!!!!

Agradecimientos

Este año 2020 en febrero en Barcelona me encontré con uno de mis editores. Fue un gran momento de mi vida pues allí decidí que debía plasmar en libros todas las experiencias que había vivido, quería compartir cada detalle útil que había aprendido en mis tantos años de trabajo.

En mi tercera reunión con mi equipo editorial sentí que comenzaba un camino. ¿Quién iba a decir que un mes más tarde comenzaría la transformación más importante de la historia contemporánea debido a una epidemia mundial llamada COVID o coronavirus?

Este libro, el RS 516, es el segundo libro que publico y aprecio en mí una fuerza increíble, pues se mezcló con lo inesperado y sorprendente de lo que está pasando en el mundo.

Así y todo, vivo la vida con una creatividad fortalecida que recorre mi mente, empoderándome. Me encuentro aplicando las recetas que recolecté en mi camino, y me siento agradecido con muchísimas personas. Muchas de ellas ya no están, pero siempre estarán en mi vida, y me gustaría inmortalizarlas en mis escritos.

Mi primer libro, *Experiencias de un Gran Emprendedor* es autobiográfico y describe cómo se fueron gestando las circunstancias de mi vida que impulsaron las estrategias de negocios que en él quise compartir, y comprende desde los tiempos donde comencé a soñar con mi gran abuelo José Scarpeccio hasta ahora.

Este libro, mi segundo, en cambio, es la síntesis de mis reglas de negocios, las cuales pueden ser desarrolladas a través de políticas gubernamentales como así también en forma directa por las empresas.

Por ello mi agradecimiento de este libro tributa a familiares, personas que influyeron en mi adolescencia, personas que influyeron en mi juventud, personas que influyeron en mi madurez, parejas, amigos, agregados comerciales, vendedores, representantes de marcas, empresas y organizaciones, secretarias, asistentes, clientes, distribuidores, aliados, y todos y cada una de las personas que hicieron posible todo lo que logré.

Extiendo también mis agradecimientos a quienes me han dado y aún hoy me dan su soporte, a quienes creyeron y aún creen en mí, a todo el pueblo de las Rosas, a todos aquellos quienes aportaron un gramo de arena a mi trayectoria con su eterno apoyo y energía en cada uno de los períodos de mi vida.

Y también quiero agradecerte a ti, estimado lector. Te agradezco que estés leyendo este libro. Es mi intención asistirte en el camino de emprender, y que sueñes en todo instante que siempre hay una respuesta para cada desafío que encuentres.

Saludos,
Raul Scarpeccio

FRASES DE RAÚL SCARPECCIO

FRASES, DICHOS Y POESÍAS PARA AYUDAR A COMPRENDER EL FOCO DE ESTE PROYECTO

"DAR EL SULKY[1] CON EL CABALLO"

En alusión a que, si el Gobierno otorga créditos para las pequeñas empresas para adquirir tecnología, es mejor que entregue directamente "La tecnología". El crédito solamente es el Sulky. En cambio, si entrega la tecnología esta es directamente el Sulky con el caballo.

"EN EL JUEGO, CUANDO LAS COSAS VAN MAL, ES MEJOR MEZCLAR Y DAR DE NUEVO"

Las medianas empresas están estancadas desde hace décadas. En lugar de seguir dándoles ayuda, es mejor reinventarse desde pequeña y comenzar de nuevo con una nueva y moderna base.

---

[1] El Sulky es un pequeño carruaje, por lo general de uno o dos pasajeros que se usa como transporte de personas en muchas partes del mundo. Fueron inmigrantes ingleses quienes incorporaron el Sulky en la Argentina en el siglo XIX Simoca, en la provincia de Tucumán, se denomina La Capital del Sulky.

"LAS MEDIAS NO SE SOSTIENEN NI EN LOS PIES"

En alusión a las Medianas empresas que desde hace décadas no lograrán sobrepasar esta etapa de "Mediana empresa". Hoy tienen los costos de la Gran Empresa y el Ingreso de una pequeña. Por lo tanto, les resulta muy pesado superar esta etapa. Se aconseja subdividirse en nuevas pequeñas Empresas, bien específicas y reinventarse.

"NO TE DES POR VENCIDO NI AUN VENCIDO"

Es la Frase del Poeta ALMAFUERTE. ¡Nunca se deben bajar los brazos!

"EL PÁJARO CANTA HASTA MORIR"

De la Escritora Colleen Mc Cullough en la película con el Actor Richard Chamberlain.

La muestra de llegar siempre HASTA EL FINAL.

"EN UNA CARRERA, AL QUE LARGA TARDE, LE SERÁ DIFÍCIL LLEGAR AL PODIO"

Si tomamos como ejemplo una carrera de Fórmula 1, donde están 22 autos en la grilla de largada y uno queda detenido y retoma el grupo en la vuelta 30, le será difícil competir por el podio, porque cuando hace una vuelta, los primeros estarán en la 31 y así hasta el final.

Sin embargo, existe una sola manera de poder unirse a los primeros QUE ES CRUZANDO EL CIRCUITO EVITANDO EL PENALTY. Así están estas empresas argentinas en la actualidad y a través de la unión con las empresas del primer mundo a través de las franquicias, se podrán cubrir los múltiples años de estancamiento aprovechando sus prestigios e inversión publicitaria, sus análisis de materiales y el marketing.

Raúl José Scarpeccio

Raúl Scarpeccio es un empresario de nacionalidad argentina e italiana, quien, desde muy temprana edad, se especializó en el desarrollo de gestión empresarial.

De pequeño y adolescente trabajó en la tienda familiar, donde se ocupó de la atención y ventas al público. Más tarde sumó la gestión de campos y la actividad ganadera y agropecuaria, ya de su propiedad, adquiriendo dos inmuebles rurales en la zona de su pueblo natal, Los Cardos, en la provincia de Santa Fe.

Ya entrando en sus 22 años, y de manera paralela a sus demás actividades, ingresa en el rubro de la fabricación de muebles tapizados al por mayor, primero como vendedor y luego como Gerente de Ventas. A los pocos años construye una importante Fábrica de Muebles Tapizados adquiriendo un terreno con cuatro calles sobre la ex ruta nacional número 178, hoy Avda. Dickinson 1150 en la ciudad de LAS ROSAS (Sta. Fe) donde en poco tiempo cuenta con 50 empleados, y de la que adquiere un porcentaje de las acciones y pasa a formar parte de su Directorio.

Al poco tiempo obtiene la licencia de la Marca "francesa" CACHAREL para la confección de sus muebles para la Línea Maison, logrando introducir la marca en 50 comercios dentro de Argentina. Así crea una nueva sociedad, SOFÁ ARTE SACIFEI, donde adquiere acciones, pasando a tener la mayoría y es nombrado Presidente.

Luego de una amplia negociación, obtiene la licencia de la Marca ROCHE BOBOIS DE PARIS, para la Fabricación y Venta de la línea de Muebles Tapizados de alto nivel para Argentina y el Mercosur, inaugurando en Rosario su primer local.

En 1990 inaugura el local principal de la Marca Roche Bobois, ubicado en Montevideo y Las Heras, en Buenos Aires. En 1995 abre el local de Roche Bobois en la ciudad de Punta del Este, Uruguay, y en el 2001 se muda a la emblemática esquina de Cerrito y Arenales en Buenos Aires.

En el 2004 crea la empresa AUSTIN INTERNATIONAL SA en Chile, firmando una nueva licencia para la inauguración del Local Roche Bobois en la ciudad de Santiago (primero en alquiler y luego adquiriendo), el Gran local en la calle Nueva Costanera 3698, Vitacura, también actualmente vigente.

Sigue creciendo el negocio anexando en Roche Bobois la atención y venta corporativa, donde Hoteles y Empresas del más alto nivel se suman como clientes. Inaugura también dos nuevos locales de venta de la marca Roche Bobois en Puerto Madero, también actualmente vigente.

En 2016 forma una nueva Empresa en Barcelona, España para inversiones.

Desde el 2017 al presente preside cuatro empresas propias donde además asesora y dirige otras dos junto a miembros de su grupo familiar.

www.ingramcontent.com/pod-product-compliance
Lightning Source LLC
Chambersburg PA
CBHW071408210526
45465CB00001B/299